AF281463

María Domínguez y Velázquez de Castro

APULEYO EDICIONES   FOMENTO DE VALORES   CUENTOS ILUSTRADOS

El Señor Don Tiempo

APULEYO EDICIONES   FOMENTO DE VALORES   CUENTOS ILUSTRADOS

A **Daniel**, mi nieto.

Deseo que valores el tiempo, lo disfrutes
y aproveches como el gran regalo de vida que es.

**Estarás siempre contento
si aprovechas bien el tiempo.**

Si hay algo muy importante en la vida, eso es el tiempo. Esta fábula le ha puesto cara y cuerpo, además de un nombre: "**El Señor Don Tiempo**". Nuestro protagonista vivirá una aventura cuya moraleja nos hará ver la importancia de aprovechar bien cada momento de nuestra vida, respetando a los demás y por supuesto a nosotros mismos.

Érase una vez un señor muy requete muy anciano, tan viejito que se diría que había vivido desde siempre. Y por lo mayor que era, se le conocía como el respetable **Señor Don Tiempo.**

A pesar de su edad, bastantísimos años,
ni siquiera caminaba con bastón,
pues no encontraba dificultad
alguna en sus imparables pasos.

Un buen día, en uno de sus plácidos
paseos, le brillaron los ojos de la emoción
al contemplar cómo disfrutaban los niños
jugando en el parque.

El Señor Don Tiempo pensó:
"¡ojalá pudiera jugar con ellos,
así se me pasaría el tiempo volando!".

Pero... ¿acaso el tiempo del
Señor Don Tiempo tenía fin?

El noble señor, tan pensativo y nostálgico,
ni siquiera podía recordar el momento de
su infancia; ni quiénes fueron sus padres; ni
cómo eran sus hermanos... (si es que algún
día los tuvo). Y se lamentaba diciendo:
—¡Es que soy tan viejo! —justificando
así su falta de memoria.

Estaba el respetado **Señor Don Tiempo**
tan distraído, tan embelesado, que no
se dio cuenta de que había una
cáscara de plátano a su paso.
¡Sí, una cáscara de plátano!
que Tristán, niño travieso y descuidado,
arrojó a la calle mientras jugaba y
merendaba alegremente.

¡¡¡ZAS!!!

—¡Ay, ay! —gritaba el pobre
Señor Don Tiempo—. ¡Menudo resbalón!
¡Es que no se puede ir tan despistado
por la calle! Y, por supuesto,
no se pueden tirar cosas al suelo,
mucho menos cáscaras de plátano.

Tristán se echó las manos a la cabeza
y arrepentido quiso ayudarlo, pero era
demasiado tarde. Tras semejante zarpazo
Don Tiempo quedó destrozado,
se hizo completamente "añicos".

FELIZ
CUMPLE

Desde entonces, el tiempo se cuenta en años.

Os diré que, cuando cumplís años, ese día tenéis
un añico más de ese Señor tan importante. Por ello,
todas las personas que os conocen y se enteran
de que tenéis un añico más, os felicitan diciendo:
"¡Feliz cumpleaños!". Y lo celebráis con vuestros seres
queridos, familia, amigos..., haciendo de ese día un
momento muy especial.

Moraleja
BASURA
AQUÍ

Moraleja:

Desde que nacemos vamos
cumpliendo añicos. Mientras tanto,
debemos cuidarnos y evitar caernos,
no vaya a ser que nos pase como al
Señor Don Tiempo y...
¡nos hagamos añicos!

POESÍA DEL
SEÑOR DON TIEMPO

Hay que aprovechar el tiempo;
que no deja de pasar.
Él camina silencioso
a tu lado, sin parar.

Si aprovechas bien tu tiempo,
seguro te alegrarás,
pues cuando seas mayor,
inteligente serás.

Los valores aprendidos
bien los podrás compartir
con tu familia y amigos
y así serás muy feliz.

"Tic, tac, tic, tac",
suena el reloj de pulsera.
"Tic, tac, tic, tac",
suena, suena sin parar...

El tiempo no se detiene
ni aquí ni en otro lugar.

Si no quieres escuchar
de un reloj ese "tic, tac",
cómprate un reloj de arena,
o más bien uno digital.

Aprovecha bien tu tiempo
y no lo pierdas sin más,
que cuando seas mayor,
seguro te alegrarás.

Canción: EL SEÑOR DON TIEMPO
Autor: JUAN RAFAEL MUÑOZ MUÑOZ

Audio cuento
EL SEÑOR DON TIEMPO

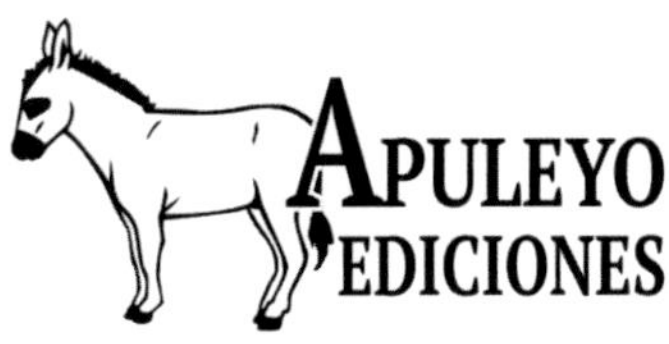